# BEI GRIN MACHT SICH IHR
# WISSEN BEZAHLT

- Wir veröffentlichen Ihre Hausarbeit,
  Bachelor- und Masterarbeit

- Ihr eigenes eBook und Buch -
  weltweit in allen wichtigen Shops

- Verdienen Sie an jedem Verkauf

Jetzt bei www.GRIN.com hochladen
und kostenlos publizieren

Julia Uhlitzsch

# Besondere Belastungsfaktoren von Sportlehrkräften

## Facetten des Schulsports

GRIN Verlag

**Bibliografische Information der Deutschen Nationalbibliothek:**

Die Deutsche Bibliothek verzeichnet diese Publikation in der Deutschen National-
bibliografie; detaillierte bibliografische Daten sind im Internet über http://dnb.d-
nb.de/ abrufbar.

Dieses Werk sowie alle darin enthaltenen einzelnen Beiträge und Abbildungen
sind urheberrechtlich geschützt. Jede Verwertung, die nicht ausdrücklich vom
Urheberrechtsschutz zugelassen ist, bedarf der vorherigen Zustimmung des Verla-
ges. Das gilt insbesondere für Vervielfältigungen, Bearbeitungen, Übersetzungen,
Mikroverfilmungen, Auswertungen durch Datenbanken und für die Einspeicherung
und Verarbeitung in elektronische Systeme. Alle Rechte, auch die des auszugsweisen
Nachdrucks, der fotomechanischen Wiedergabe (einschließlich Mikrokopie) sowie
der Auswertung durch Datenbanken oder ähnliche Einrichtungen, vorbehalten.

**Impressum:**

Copyright © 2011 GRIN Verlag GmbH
Druck und Bindung: Books on Demand GmbH, Norderstedt Germany
ISBN: 978-3-656-00779-1

**Dieses Buch bei GRIN:**

http://www.grin.com/de/e-book/178611/besondere-belastungsfaktoren-von-sport-
lehrkraeften

**GRIN - Your knowledge has value**

Der GRIN Verlag publiziert seit 1998 wissenschaftliche Arbeiten von Studenten, Hochschullehrern und anderen Akademikern als eBook und gedrucktes Buch. Die Verlagswebsite www.grin.com ist die ideale Plattform zur Veröffentlichung von Hausarbeiten, Abschlussarbeiten, wissenschaftlichen Aufsätzen, Dissertationen und Fachbüchern.

**Besuchen Sie uns im Internet:**

http://www.grin.com/

http://www.facebook.com/grincom

http://www.twitter.com/grin_com

Stiftung Universität Hildesheim
Institut für Sportwissenschaft und
Sportpädagogik

# Besondere Belastungsfaktoren von Sportlehrkräften

vorgelegt von:

Julia Uhlitzsch

# Inhaltsverzeichnis

*„Lehrersein ist heute kein Zuckerschlecken mehr"*
(Zoglowek, 2008, S.117 - zitiert nach Südwestumschau 2003)

# 1. Einleitung

Das obige Zitat ist eine von vielen Äußerungen, die den Lehreralltag von heute kennzeichnen. Doch wie viel Wahrheit steckt in solchen Aussagen? Um dies herauszufinden, wurde dem Lehrerberuf in den letzten Jahren zunehmend Aufmerksamkeit geschenkt. Viele empirische Studien haben sich demzufolge mit der Lehrertätigkeit und den Belastungen am Arbeitsplatz Schule auseinandergesetzt. Laut den Erhebungen sind die Belastungen im Lehrerberuf enorm und widersprechen allen aufkommenden Meinungen, dass die Arbeit des Lehrers zum Beispiel ein „Halbtagsjob" sei. Dass Lehrersein nicht nur Unterrichten bedeutet, sollen die folgenden Darstellungen aufzeigen. Es werden die Begriffe Belastung und Beanspruchung definiert, auf den Lehrerberuf übertragen sowie allgemeine Belastungsfaktoren von Lehrkräften vorgestellt. Ausgehend von den allgemeinen Belastungsfaktoren im Lehrerberuf stellt sich die Frage nach den speziellen Belastungen in den einzelnen Unterrichtsfächern. Diese Arbeit befasst sich deshalb insbesondere mit der Fragestellung nach den besonderen Belastungsfaktoren, die sich im Fach Sport für eine Lehrkraft ergeben können. Mithilfe einschlägiger Literatur und Studien werden die einzelnen Belastungsfaktoren von Sportlehrkräften vorgestellt und genauer untersucht. Die Ausführung zeigt jedoch nur mögliche Belastungsfaktoren auf, von denen nicht zwangsläufig jede Sportlehrkraft gleich betroffen sein muss. Im vorgegebenen Rahmen dieser Arbeit ist es realisierbar, die besonderen Belastungen aufzuzeigen, nicht aber die Präventions- und Interventionsmaßnahmen. Trotzdem werden mögliche Auswirkungen auf die zu unterrichtende Lehrkraft zum Teil angerissen und eingebaut.

# 2. Hauptteil

## 2.1 Begriffsdefinitionen: Belastung/ Beanspruchung

*Belastung* und *Beanspruchung* sind häufig verwendete Begriffe aus dem alltäglichen Leben. Auch im Lehrerberuf spielen sie eine große Rolle. Da die Begriffe oft falsch verwendet werden, ist es notwendig sie klar voneinander abzugrenzen.

In der Arbeitswissenschaft wird bei *Belastung* von „objektive[n], von außen auf den Menschen einwirkende[n] Faktoren" (Gabler Wirtschaftslexikon online, 2011) gesprochen. Diese können unterteilt werden in psychische, physische und physikalische Belastungen. Besonders die *psychische Belastung* greift beim Beruf des Lehrers[1], da er Tätigkeiten einschließt, die der Aufnahme, Verarbeitung und Vermittlung von Informationen dienen (vgl. Rudow, 1995, S.44). Das Deutsche Institut für Normung e.V. hat für einen einheitlichen Sprachgebrauch den Begriff „psychische Belastung" in der international geltenden Norm DIN EN ISO 10075-1 (2000) wie folgt definiert: *Psychische Belastung* „ist die Gesamtheit aller erfassbaren Einflüsse, die von außen auf den Menschen zukommen und psychisch auf ihn einwirken." (Bundesanstalt für Arbeitsschutz und Arbeitsmedizin, 2005, S.3). Die Definition ist neutral und zeigt auf, dass *psychische Belastungen* trotz der negativen Betrachtungen, vor allem in der Literatur, auch positive Einflüsse „im Sinne eines Anregungseffektes" (Richter, 2000, S.2) haben können.

Aus einer oder mehreren Belastungen kann *psychische Beanspruchung* entstehen, also „die unmittelbare (nicht langfristige) Auswirkung der psychischen Belastung im Individuum in Abhängigkeit von seinen jeweiligen überdauernden und augenblicklichen Voraussetzungen, einschließlich der individuellen Bewältigungsstrategien." (ebd.). *Psychische Beanspruchung* ist subjektiv zu betrachten, da der Umgang mit Belastungen individuell erfolgt. Inwieweit ein Lehrer sich durch Belastungen beansprucht fühlt, hängt demnach von vielen Faktoren beziehungsweise Voraussetzungen ab. Diese Voraussetzungen beziehen sich unter anderem auf die eigene Motivation, das

---

[1] Aus Gründen der sprachlichen Vereinfachung verwende ich den Begriff *Lehrer* im Folgenden für beide Geschlechter, wenn nicht explizit auf Frauen oder Männer Bezug genommen wird.

Vertrauen in die eigenen Kenntnisse und auf Einstellungen und Fähigkeiten. Wenn jemand beansprucht wird, zeigt sich das nicht zuletzt in kurzfristigen Reaktionen des Körpers, wie die Erhöhung der Herzfrequenz oder des Blutdrucks. *Beanspruchung* kann dementsprechend auch langfristige Folgen haben, wie psychosomatische Störungen und Erkrankungen oder das Erleiden eines Burnouts.

## 2.2 Allgemeine Belastungsfaktoren von Lehrkräften

*„Tatsache ist, dass es sich hier um einen der anstrengendsten Berufe handelt."* (Schaarschmidt, 2004, S.15)

Bevor ich zu den besonderen Belastungsfaktoren von Sportlehrkräften komme, möchte ich zunächst kurz auf die allgemeinen Belastungsfaktoren von Lehrkräften eingehen. Hierbei beschränke ich mich auf die Studie von Prof. Dr. Spanhel und Dr. Hübner, die 1993 eine schriftliche Befragung mit 150 Grund- und Hauptschullehrerinnen in Nürnberg und Neustadt durchführten. Diese Studie zeigt die Belastungsfaktoren übersichtlich sowie neutral auf. Dabei wurden die beruflichen Belastungen in die Bereiche Erziehung und Unterricht, sonstige schulische Belastungen und Belastungen im außerschulischen Bereich unterteilt. Auffällig ist, dass der Bereich Erziehung und Unterricht die größten Belastungen für Lehrkräfte birgt. Aus 133 Nennungen ergab sich der belastendste Faktor, der in den Verhaltensauffälligkeiten von Schülern und ihren Aggressionen gesehen wird. Weiter aufgeführt werden: Arbeitshaltung der Schüler, Organisation/ Verwaltung, Klassengröße/ Heterogenität, Leistungs- unterschiede der Schüler, mangelnde Leistungen und Kreativität der Schüler, große Stofffülle, Konflikte zwischen verschiedenen Nationalitäten und Dienstunlust/ Frust. Weitere berufliche Belastungen von Lehrern liegen im sonstigen schulischen Bereich durch Inkompetenz und mangelndes Verständnis von Vorgesetzten (Schulleitung/ Schulbehörde). Ebenfalls belastend, mit jeweils mehr als 30 Nennungen, wirkt die mangelhafte Ausstattung der Schule und die fehlende Solidarität beziehungsweise Kooperation im Kollegium. Bei den beruflichen Belastungen im außerschulischen Bereich werden weitere problematische Faktoren erwähnt. Am belastendsten empfinden Lehrer die Probleme in den Familien der Schüler, gefolgt von übertriebener Kontrolle der Eltern, Einseitigkeit der Freizeitgestaltung der Schüler, mangelnder Kooperation zwischen Eltern und Lehrern und geringem Image des Berufstandes.

Die Erhebung von Spanhel und Hübner ist eine von vielen Studien, die aufzeigen, dass „die Lehrertätigkeit [...] durch zahlreiche *Arbeitsaufgaben*, die (im neutralen Sinn) als Belastungen aufzufassen sind, gekennzeichnet" (Rudow, 1995, S.59) ist. Dass die Belastungen im Lehrerberuf enorm sind, widerspricht jedoch der immer wieder aufkommenden Meinung, Lehrer seien „Halbtagsjobber", die dafür auch noch viel zu gut bezahlt werden. Die Fülle der von Spanhel und Hübner aufgeführten Belastungsfaktoren kann Lehrer so stark beanspruchen, dass sie Auswirkungen auf die Gesundheit hat. Ganze 65 % der Lehrer scheiden frühzeitig durch psychische oder psychosomatische Erkrankungen sowie Erkrankungen des Bewegungsapparates aus dem Schuldienst aus. Gründe dafür sind fehlende Distanzierfähigkeit, überhöhtes Engagement oder auch Resignation durch fehlendes Erfolgserleben. Deshalb ist es nicht abwegig, dass Forderungen nach einer Lehrerentlastung immer lauter werden.

## 2.3 Besondere Belastungsfaktoren von Sportlehrkräften

Auch die Sportlehrkräfte müssen neben der Bezeichnung als „Halbtagsjobber" mit weiteren Vorurteilen kämpfen. So ist der Sportunterricht ein „willkommenes Fitness-Programm, um gesund zu bleiben" (Gröbe, 2006, S. 304) oder ein „Ausflug bei schönem Wetter ins Grüne" (ebd.). Häufig entsteht das Bild, Sportlehrer[2] würden unter besseren Bedingungen unterrichten können als andere Fachlehrkräfte. Zoglowek (2008) schreibt, dass Sportlehrer „nach wie vor einen anderen Status haben" (Zoglowek, 2008, S.123), der sie zur ständigen Rechtfertigung und Legitimation von Sportunterricht zwingt (vgl.

---

[2] Aus Gründen der sprachlichen Vereinfachung verwende ich den Begriff *(der) Sportlehrer* im Folgenden für beide Geschlechter, wenn nicht explizit auf Frauen oder Männer Bezug genommen wird.

ebd.). In der Öffentlichkeit wird über Vor- und Nachteile diskutiert und Zweifel an der „Relevanz des Faches" (ebd.) geäußert. Auch im eigenen Kollegium wird die Sportlehrertätigkeit oft unterbewertet (vgl. ebd.) und mit den schon oben genannten Vorurteilen versehen.

Im Folgenden möchte ich nun näher auf die besonderen Belastungsfaktoren von Sportlehrkräften eingehen, um aufzuzeigen, dass bestimmte Vorurteile ungerechtfertigt sind. Sportlehrer sind keine Menschen, die ihr „Hobby [...] zum Beruf gemacht hab[en]" (ebd.). Sie sind Lehrkräfte, die ganz besonderen Belastungen ausgesetzt sind, die der Öffentlichkeit jedoch öfter ins Bewusstsein gelangen müssen (vgl. ebd.).

2.3.1 Natürlicher Leistungsabbau und erhöhter körperlicher Verschleiß

Auch Sportlehrer sind Menschen, die irgendwann „dem natürlichen geistigen und körperlichen Leistungsabbau" (Gröbe, 2006, S.304) unterliegen. Mit der Zeit verlieren auch sie ihre „körperlich-sportlichen und [...] sportlich-motorischen Kompetenzen" (ebd.) und sind daher nicht mehr in der Lage bestimmte Übungen für die Schülerschaft zu demonstrieren. Vor allem der Alterungsprozess mit seinen eben genannten Folgen belastet eine Sportlehrkraft immens, da sie den eigenen Erwartungen und denen der Schüler nicht mehr gerecht werden kann. Hinzu kommt die Belastung durch einen erhöhten körperlichen Verschleiß. Wie bereits erwähnt, gibt es das Bild vom Sportlehrer, der seinen Unterricht als eigenes Fitness-Programm nutzt. In Wirklichkeit gefährdet der Sportunterricht jedoch die Gesundheit der Sportlehrkraft, welche unaufgewärmt „aufbauende, umräumende, demonstrierende, helfende und sichernde" (Gröbe, 2006, S.305) Tätigkeiten ausführt. Folglich kann es zum Verschleiß an Bändern, Muskeln und Gelenken kommen.

2.3.2 Weitere gesundheitsschädigende Belastungsfaktoren

Des Weiteren führt Frommel (2006) die andauernde Lärmbelastung an, die in Schwimmbädern besonders hoch ist und bis zu 90 Dezibel erreichen kann (vgl.

Frommel, 2006, S. 244). Die Gefahr einer Hörschädigung ist enorm und müsste, wie in anderen Berufsgruppen bei diesem Lärmpegel üblich, eigentlich durch das Tragen eines Lärmschutzes verhindert werden. Ebenso belastend ist es für Sportlehrkräfte mit ihrer Stimme gegen diese Lautstärke anzukämpfen. Diese Überbeanspruchung der Stimmbänder kann zu Entzündungen und zu immer wiederkehrender Heiserkeit führen (vgl. ebd.). Ein weiterer Belastungsfaktor, der die Gesundheit der Sportlehrkräfte auf die Probe stellt, ist der Wechsel der klimatischen Bedingungen. Im Winter arbeiten Sportlehrkräfte in kalten und zugigen, im Sommer in überhitzen Hallen (vgl. ebd.).

### 2.3.3 „Trendsportarten" und Änderungen der traditionellen Sportarten

Sportlehrkräfte belastet zunehmend der Umgang mit „Trendsportarten", die vor allem durch die Medien popularisiert werden (vgl. Gröbe, 2006, S. 305). Sie müssen letztendlich entscheiden, ob Sie verantworten können, „Trendsportarten" in den Sportunterricht zu integrieren. Hierbei sind Ihnen meist die Hände gebunden, da die Bedingungen der Schule eine Realisierung verhindern beziehungsweise der Kampf für räumliche und materielle Grundlagen meist aussichtslos ist (vgl. ebd.). Darüber hinaus müsste sich die Sportlehrkraft einer zeitlichen - und kostenspieligen  Fortbildung unterziehen, die ihr den Erwerb der nötigen Qualifikationen ermöglicht. (vgl. ebd.). Neben den „Trendsportarten" sieht sich der Sportlehrer auch mit den Veränderungen innerhalb der traditionellen Sportarten konfrontiert. Es belastet ihn, dass häufige Regeländerungen oder neue Techniken ihn dazu zwingen, sich nochmals mit der Sportart auseinanderzusetzen. Hinzu kommen aktuelle „Untersuchungen über Übungswirkungen oder – schädigungen" (Gröbe, 2006, S. 305). So sollte zum Beispiel der „Entengang" nicht mehr ausgeführt werden, da er die Kniegelenke stark überbelastet. Statt den sogenannten „Krankmacher-Übungen" müssen demnach gesunde Alternativen eingeführt werden.

## 2.3.4 Öffentlicher Unterricht

Weitere besondere Belastungsfaktoren für Sportlehrkräfte ergeben sich aus dem Unterrichten in der Öffentlichkeit. Damit ist vor allem der Sportunterricht im Freien aber auch das Teilnehmen der Schüler an Sportwettkämpfen gemeint. Meistens ab dem Frühjahr werden bestimmte Disziplinen in der Außenanlage der Schule unterrichtet. Dabei kommt es nicht selten vor, dass der Unterricht von Vorbeigehenden beäugt wird (vgl. Gröbe, 2006, S. 306). Das Problem besteht darin, dass der „„Schutz" des Klassenraumes […] wie in anderen Fächern nicht gegeben" ist (ebd.) und der Unterricht ohne Hintergrundwissen meistens nur oberflächlich bewertet wird. Neben dem neugierigen Publikum außerhalb der Sportstätte müssen Sportlehrkräfte auch das Fachpublikum von Ihrer Arbeit überzeugen. Hier führt Gröbe (2006) die Schulwettkämpfe an, die besonders wichtig für ein gutes Aushängeschild der Schule erscheinen (vgl. Gröbe, 2006, S.305). Andererseits werden Misserfolge mit schlechtem Sportunterricht und somit mit inkompetenten Sportlehrern gleichgesetzt, was wiederum zu einer starken Belastung der Sportlehrkräfte führt.

## 2.3.5 Sportstättenausstattung und Gerätenutzung

Starke Belastungen entstehen weiterhin durch die Ausstattung der Sportstätten und die Nutzung der Geräte. Hierzu bezieht sich Oesterreich (2008) auf die Erhebungen im Rahmen der DSB-*SPRINT*-Studie, in denen viele Lehrkräfte von veralteten, kleinen und engen Hallen und einer schlechten Ausstattung sprechen (vgl. Oesterreich, 2008, S.284). Frommel (2006) führt als Grund die erheblichen Sparmaßnahmen der Kommunen an, was zur Folge hat, dass Sportlehrer ihren Unterricht flexibel und kreativ mit den noch vorhandenen oder auch beschädigten Geräten gestalten müssen (vgl. Frommel, 2006, S. 243). Dass diese Situation für Sportlehrkräfte belastend ist, zeigt das Ergebnis der DSB-*SPRINT*-Studie. Demnach empfinden 10% – 25% der Sportlehrer, dass Ihre Unterrichtsqualität durch die schlechten Sportstätten eingeschränkt ist. Darüber hinaus führt Frommel (2006) einen weiteren belastenden Faktor an: die Unordnung der Unterrichtsmaterialen. Meistens sind es die Kleingeräte, die durch Schüler, andere Kollegen oder Sportvereine nicht an ihren eigentlichen Platz zurückgelegt werden und am Anfang der Stunde zusammengetragen werden müssen.

### 2.3.6 Klassengröße und Heterogenität

Hinzukommt der Belastungsfaktor der Klassengröße, der bei vielen Sportlehrkräften als Problem angesehen wird. Oesterreich (2008) bezieht sich hierbei erneut auf die DSB-*SPRINT*-Studie bei der 40% der Befragten, die eine Lerngruppe mit mehr als 25 Schülern unterrichten, die Klassengröße als „stark einschränkend für die Unterrichtsqualität" (Oesterreich, 2008, S.284) empfinden. Bei solch einer Klassengröße ist wiederum davon auszugehen, dass die Schüler sowohl in ihren körperlich-motorischen Möglichkeiten als auch in ihrem sozialen Verhalten heterogen sind (vgl. Gröbe, 2006, S.306). Sie unterscheiden sich zum Beispiel in ihren „konditionelle[n] und koordinative[n] Voraussetzungen" (ebd.), was einen zielgerichteten, nach Lehrplanvorgaben ausgelegten Sportunterricht enorm erschwert. Durch „verhaltensauffälilige, wehleidige, unmotivierte, aber auch übermotivierte und zuweilen verletzte Schüler" (Frommel, 2006, S.245) kommt hinzu, dass der Sportlehrer zunächst Erziehungsarbeit leisten muss, bevor er mit der Vermittlung von sportlichen Inhalten beginnen kann (vgl. Gröbe, 2006, S. 306).

### 2.3.7 Organisationsschwierigkeiten und Zeitdruck

Ein weiterer besonderer Belastungsfaktor von Sportlehrkräften ist die *„erhebliche räumliche Trennung der Arbeitsstätten"* (Frommel, 2006, S.243), die in keinem anderen Fach zu finden ist. Nicht immer befinden sich die Sportstätten in der Nähe der Schule, so dass ein nahtloser Übergang zum Sportunterricht stattfinden kann. Meistens sind die Stundenpläne schlecht angepasst, wodurch den Lehrern aber auch den Schülern wichtige Unterrichtszeit verloren geht (vgl. ebd.). Die Sportlehrkräfte stehen demnach unter einem immensen Zeitdruck, da sie bei der ganzen Organisation die Verkürzung der tatsächlichen Unterrichtszeit so gering wie möglich halten wollen. Besonders belastend ist dabei, dass von Sportlehrern erwartet wird, dass sie die ersten in der Sporthalle sind und auch als erstes in Sportbekleidung erscheinen. Nebenbei sollen sie noch alle nötigen Geräte zusammentragen und den Umkleideraum überwachen. Zum Ende der Stunde baut der Lehrer die Geräte wieder ab, zieht sich um und überwacht erneut die Umkleideräume. Von Pausen ist beim Sportlehrer daher keine Rede (vgl. Frommel, 2006, S.243). Sie stehen unter einem permanenten Zeitdruck und versuchen dabei viele Dinge gleichzeitig zu organisieren. Die Unterrichtszeit, die dabei oft darunter leidet, stellt eine weitere Belastung dar. Die Schwierigkeit besteht demzufolge darin, die Lehrplanvorgaben auch in einer verkürzten Unterrichtszeit zu absolvieren. Ob diese jedoch dann ordnungsgemäß erfüllt werden können, wird in Frage gestellt.

2.3.8 Leistungsbewertung

Speziell die Leistungsbewertung und Notengebung im Sportunterricht ist für viele Lehrkräfte eine große Hürde. Auch wenn die Notengebung durch andere Kollegen als leicht und nicht aufwändig bewertet wird, stellt sie in den meisten Bereichen genau das Gegenteil dar. Leistungsmessung nach Zentimetern und Sekunden trifft vielleicht auf die Leichtathletik oder das Schwimmen zu, aber nicht auf Sportarten wie Turnen, die mit schnellen Bewegungsabläufen verbunden sind. Diese fordern von der Sportlehrkraft immer vollste Konzentration und eine schnelle, sichere Entscheidung über die entsprechende Note (vgl. Frommel, 2006, S. 245). Die Leistungsbewertung erfolgt jedoch nicht nur über die erbrachten sportlichen Leistungen sondern auch anhand der Entwicklung personaler und sozialer Kompetenzen wie das eigenständige Lernen oder die Teamfähigkeit (vgl. ebd.).

# 3. Fazit

Im Laufe meiner Arbeit konnte ich feststellen, dass der Lehrerberuf, speziell auch die Berufung als Sportlehrer, zweifelsohne eine komplexe Tätigkeit darstellt. Den betroffenen Personen wird eine Menge an physischen und psychischen Leistungen abverlangt. Der Lehrerberuf scheint ein Beruf mit außergewöhnlich großer Belastungsfülle zu sein. Auf den ersten Blick scheint es, als würde der Sportlehrer mit seinem Unterricht lediglich seiner Leidenschaft nachgehen. In Hinblick auf die aufgeführten besonderen Belastungsfaktoren des Sportlehrers bin ich aber zu der Erkenntnis gelangt, dass er nicht unbetroffen, vielleicht im Vergleich zu anderen Fächern, sogar besonders belastet ist. Oft wirken sich die Belastungen des Sportunterrichts beanspruchend aus und können zu gesundheitlichen Schäden führen. Ob es jedoch so weit kommen kann, ist, wie schon am Anfang erwähnt, von dem individuellen Umgang mit den jeweiligen Belastungen abhängig. Weil das Belastungsempfinden subjektiv ist, kann der Lehrerberuf oder speziell der Beruf des Sportlehrers auch durchaus als positiv wahrgenommen werden. Einige Lehrer sehen diese Anforderungen sogar als Herausforderung für sich und empfinden den Lehrerberuf als interessant und abwechslungsreich. Ob sie ihn jedoch als „Traumberuf " betiteln würden, sei dabei in Frage gestellt.

# Literaturverzeichnis

Bundesanstalt für Arbeitsschutz und Arbeitsmedizin. *Die Normen zur psychischen Belastung und deren praktische Bedeutung.* Zugriff am 20. Februar 2011 unter http://www.baua.de/nn_11598/de/Publikationen/Fachbeitraege/pdf/Dresdner-Kolloquium-2005-14.pdf

Frommel, H. (2006). *Belastung und Beanspruchung von Sportlehrer/-innen in der Schule. Teil 2: Was Sportlehrkräfte leisten.* In Deutscher Sportlehrerverband (Hrsg.), sportunterricht. Heft 8. (S. 242 – 245). Schorndorf: Hofmann - Verlag.

Gabler Wirtschaftslexikon. *Stichwort: Beanspruchung und Belastung.* Zugriff am 20. Februar 2011 unter http://wirtschaftslexikon.gabler.de/Definition/beanspruchung-und-belastung.html

Gröbe, R. (2006). *Belastung und Beanspruchung von Sportlehrer/-innen in der Schule. Teil 3: Belastungen und Beanspruchungen, die beim Kompetenzerwerb, bei der Erhaltung und beim Nachweis, dem Unterricht, auftreten.* In Deutscher Sportlehrerverband (Hrsg.), sportunterricht. Heft 10. (S. 304 – 306). Schorndorf: Hofmann - Verlag.

Oesterreich, C. (2008). *Arbeitsbedingungen von Sportlehrkräften.* In Deutscher Sportlehrerverband (Hrsg.), sportunterricht. Heft 9Heft 8. (S. 282 – 288). Schorndorf: Hofmann- Verlag.

Richter, G.. *Stress, psychische Ermüdung, Monotonie, psychische Sättigung.* Zugriff am 20. Februar unter http://www.baua.de/de/Publikationen/AWE/Band4/AWE116.pdf?__blob=publicationFile&v=4

Rudow, B. (1995). *Die Arbeit des Lehrers. Zur Psychologie der Lehrertätigkeit, Lehrerbelastung und Lehrergesundheit.* Bern: Verlag Hans Huber.

Schaarschmidt, U. (Hrsg.). (2004). *Halbtagsjobber?. Psychische Gesundheit im Lehrerberuf- Analyse eines veränderungsbedürftigen Zustandes.* Weinheim: Beltz Verlag.

Spanhel, D., Hübner, H.-G. (1995). Lehrersein heute – berufliche Belastungen und Wege zu deren Bewältigung. Bad Heilbrunn: Verlag Julius Klinkhardt.

Zoglowek, H. (2008). *Lehrer und Sportunterricht.* In Lange, H., Sinning, S. (Hrsg.), Handbuch Sportdidaktik (S.117 - 132). Balingen: Spitta Verlag GmbH & Co. KG.